AF592565

VENTE DU 29 DÉCEMBRE 1882

GRAVURES

ET

EAUX-FORTES MODERNES

LITHOGRAPHIES

ŒUVRES DE J.-F. MILLET, JULES JACQUEMART
MERYON, SEYMOUR HADEN, DAUBIGNY, E. DELACROIX, MEISSONIER
BRACQUEMOND, GAILLARD, ETC.

ESTAMPES ANCIENNES, VIGNETTES, PORTRAITS

DESSINS

BOILLY, BOUCHER, CHARLET
DAUBIGNY, DELACROIX, GAVARNI, GRANDVILLE, J.-F. MILLET
RAFFET, ETC.

DONT LA VENTE AURA LIEU
HOTEL DES COMMISSAIRES-PRISEURS, RUE DROUOT, N° 5
SALLE N° 4
Le Vendredi 29 Décembre 1882
A UNE HEURE ET DEMIE PRÉCISE

Me MAURICE DELESTRE
COMMISSAIRE-PRISEUR
Rue Drouot, n° 27.

M. CH. DELORIÈRE
MARCHAND D'ESTAMPES
Rue de Seine, 15.

PARIS

CONDITIONS DE LA VENTE

Elle sera faite au comptant.

Les adjudicataires payeront *cinq pour cent* en sus des enchères.

M. Ch. Delorière, chargé de la vente, se réserve la faculté de rassembler ou de diviser les lots.

L'ordre du Catalogue sera suivi.

DÉSIGNATION

ESTAMPES

ADAM (V.)

1 — Passe-Temps, — Le Bien et le Mal. — Costumes militaires, etc. Cent trente pièces.

BELLANGE ET VERNET

2 — Costumes et Sujets militaires. Environ cinquante pièces.

BLANCHARD

3 — Le Triomphe de Galathée, d'après Le Dominiquin. Épreuve de la publication Gavard.

BONVIN (F.)

4 — Dix Eaux-Fortes, publiées à Londres. Épreuves avant lettre sur japon dans la couverture de publication.

BRACQUEMOND

5 — Son Portrait, gravé par Rajon. Épreuve sur japon.

6 — Le Haut d'un Battant de porte. Épreuve avant lettre sur japon.

BRACQUEMOND

7 — La Servante, d'après H. Leys. Épreuve avant lettre, avant la planche coupée.

8 — Les Oies. Épreuve d'état (avant le ciel), sur japon, signée.

9 — La même pièce. Épreuve avec le ciel, sur japon, signée.

10 — Le Lièvre. Épreuve avant lettre, sur hollande.

11 — Portrait d'Érasme, d'après Holbein. Épreuve du premier état, sur hollande, rare.

12 — Margot la critique. — Portrait de Th. Gautier, — Le Miroir, etc. Six pièces.

BRETON (E.)

13 — Clair de lune. Épreuve sur papier de Chine.

BRUNET (A.)

14 — La Vierge au Chardonneret, d'après Bartholomeo. Épreuve sur chine.

BRUNET DE BAINES

15 — Idylle, d'après Français. Épreuve sur chine, avant lettre.

16 — Un Cottage, d'après Corot. Épreuve d'artiste, sur japon.

CARICATURES

17 — Monsieur Mayeux. Vingt-cinq pièces.

18 — Mœurs du Temps, — Les Contraires, — Quartiers de Paris, — Musée grotesque, etc. Vingt pièces coloriées.

19 — Séries diverses, par Pigal. Seize pièces coloriées.

20 — La Fureur des omnibus, — Tableaux de Paris, — Amourettes. Trente pièces coloriées.

CASANOVA

21 — Le Sourd. Épreuve avant lettre sur japon.

COROT

22 — Souvenir de Toscane. Épreuve avant lettres, sur hollande.

COURTRY (Ch.)

23 — Alcibiade chez Aspasie, d'après Gérome. Épreuve sur chine, avant lettre.

24 — Bain Maure, d'après J. L. Gérome. Épreuve sur hollande.

CUCINOTTA (S.)

25 — Le Péage, — Déjà passé, d'après Rudaux. Deux sujets réunis en forme d'éventail. Épreuve avant lettre sur japon.

DAUBIGNY

26 — Le Coup de Soleil, d'après Ruysdael. Épreuve avant lettres sur hollande.

27 — Le Gué. Épreuve avant lettre, tirée sur vieux papier.

28 — Le grand Parc à Moutons. Épreuve avant lettre tirée sur vieux papier.

29 — Les Vendanges. Épreuve avant lettre sur vieux papier.

30 — L'Arbre aux Corbeaux. Épreuve avant lettre sur vieux papier.

31 — Paysages. Dix pièces. Plusieurs sont sur chine et avant lettre.

32 — Série de Vingt planches. Épreuves d'ancien tirage.

DELACROIX (Eugène)

33 — Faust. Suite complète de dix-sept pièces et un portrait.

DELACROIX (EUGÈNE)

34 — Lion de l'Atlas, — Tigre royal. Deux pièces, épreuves d'état.

35 — Les Écrevices à Longchamps, — Garc derrière, — Théâtre italien. Trois pièces rares.

36 — Lithographies et eaux-fortes, d'après E. Delacroix. Dix pièces.

DEMARTEAU

37 — Vues des environs de Rouen, d'après Houel. Deux pièces imprimées en sanguine.

DESBOUTIN

38 — Portrait de M. H. Rochefort. Épreuve avant lettre sur hollande.

39 — Mademoiselle Mou-Mou. Épreuve sur hollande.

ELTEN (VAN)

40 — Shady Pasture. Épreuve sur japon.

41 — In the Meadows. Épreuve sur japon.

EVERSHED (ARTHUR)

42 — A Twickenham, — On the Banks of the Thames. Deux pièces, épreuves avant lettre sur hollande.

FEYEN-PERRIN

43 — Légende Napoléonienne. Épreuve sur papier de Japon

FLAMENG (L.)

44 — Jésus bénissant les enfants, d'après Rembrandt. Épreuve avant lettre.

45 — Portrait de Madame ***. Épreuve sur chine, les noms à la pointe.

FLAMENG (L.)

46 — Portrait du Capitaine Burton, d'après Leighton. Épreuve sur hollande.

47 — Portrait de Vieillard, d'après Rembrandt. Épreuve avant lettre, sur hollande.

FRANÇOIS (J.)

48 — Le Galant militaire, d'après Terburg. Épreuve avant lettre sur hollande.

GAVARNI

49 — Lithographies diverses. Vingt pièces.

GAILLARD (F.)

50 — Portrait de Madame ***. Épreuve avant lettre sur hollande, signée.

51 — La Vierge et l'enfant Jésus, d'après Botticelli. Épreuve avant lettre, signée.

52 — Portrait de Monsieur de Mun. Épreuve d'artiste sur japon, signée.

53 — Portrait d'homme, d'après Antonello de Messine. Épreuve sur chine, avec dédicace, signée.

54 — Une vieille mendiante. Épreuve d'artiste, signée.

GÉRICAULT (J.-L.-Th.)

55 — Études de chevaux, et sujets divers. Seize pièces.

GHEYN (J. de)

56 — Maniement d'arquebuses, mousquets et piques. Environ cent quatre-vingts pièces.

GLANDINI

57 — Ami ou Ennemi, gravé par Mongin. Épreuve d'artiste, avec remarque sur hollande, signée.

HADEN (Seymour)

58 — L'Écluse d'Egham. Épreuve sur papier de Hollande.

59 — L'Étang au Canard. Épreuve avec dédicace à M. J. Claye.

60 — Vue de la Maison de Mr Whistler, à Old Chelsea. Épreuve sur papier fort,

61 — Vue de Fulham, sur la Tamise. Épreuve avant lettre sur japon.

62 — Egham Lock. Épreuve sur hollande.

63 — Battersea Reach. Epreuve sur hollande.

64 — Twickenham Church. Épreuve sur hollande.

HENRIQUEL-DUPONT

65 — Les Pèlerins d'Emmaüs, d'après Paul Véronèse. Épreuve d'état sur chine.

66 — Louis-Philippe Ier, d'après F. Gérard. Épreuve avec le cachet.

67 — Hussein Pacha, d'après Champmartin.

INGRES

68 — Odalisque. Lithographie originale.

69 — Les quatre Seigneurs sous le dais. Lithographie originale.

70 — Angélique, gravé par Desvachez. Épreuve sur chine avec dédicace.

71 — Portrait de Madame Gatteau, gravé par Dien. Épreuve d'essai avant lettre.

72 — Portrait de Monsieur Gatteau, gravé par Dien.

73 — S. A. R. Mgr. le Duc d'orléans, gravé par Calamatta. Épreuve sur chine.

JACQUE (Ch.)

74 — Portrait de Monsieur Luquet. Épreuve sur chine avant lettre.

75 — Paysage, d'après Van der Meer. Épreuves sur chine avant lettre.

76 — La repasseuse (G. 221), — Forge (256), — L'abreuvoir (259), — Paysage, chevaux (261). Pointes sèches rares tirées à vingt épreuves, quatre pièces.

77 — Paysages et sujets divers. Dix pièces. Épreuves sur chine et hollande.

JACQUEMART (Jules)

78 — Fête dans une auberge, d'après Van Ostade. Épreuve d'artiste avant lettre et avant le cuivre coupé.

79 — Une Génoise. Épreuve avant lettre sur japon.

80 — Portrait de Théophile Gautier (pour l'édition définitive des Emaux et Camées, Charpentier 1872); rare épreuve avant lettre sur parchemin.

81 — Les amateurs de dessins, d'après Meissonier. Épreuve avant lettre sur japon.

82 — Porcelaines de Valenciennes. Épreuve sur grand papier de Hollande.

83 — Une exécution au Japon. Épreuve avant lettre tirée sur vieux papier.

84 — Portrait de Madame C. Fillon. Épreuve avant lettre sur hollande.

85 — Trépied ciselé par Gouthière (collection de M. le marquis d'Hertford). Épreuve avant lettre sur hollande.

86 — Le vieux marché à Fécamp. Épreuve avant lettre sur japon.

87 — Les Éléments, suite de quatre pièces. Épreuves sur hollande.

*

JACQUEMART (Jules)

88 — Compositions de fleurs, titre et planches 3. 5. Trois pièces, une est avant le numéro.

89 — Le soldat et la fillette qui rit, d'après Van der Meer de Delft. Épreuve sur chine avant lettre, avec le cachet.

90 — Défilé des populations lorraines à Nancy, d'après le dessin de Meissonier. Épreuve sur papier de Hollande.

91 — Christ attaché à une colonne. Épreuve avant lettre sur hollande.

92 — Portrait de Rembrandt, collection de M. Double. Épreuve avant lettre sur grand papier de Hollande.

93 — La ville et la campagne, deux planches imprimées sur la même feuille. Épreuves avant lettre.

LAGUILLERMIE

94 — Supplice de saint Barthélemy, d'après Ribera. Épreuve avant la lettre sur chine.

LALANNE

95 — Un vieux port en Normandie. Épreuve d'artiste sur japon, signée.

LALAUZE

96 — Le chant du cygne, d'après Bida. Épreuve sur chine, avant lettre, les noms des artistes à la pointe.

LAVREINCE (d'après N.)

97 — Qu'en dit l'abbé ? Gravé [par N. de Launay. Épreuve sans marge, encadrée.

LEGROS (A.)

98 — Les Mendiants, — La petite Marie, etc. Quatre pièces. Épreuves avant lettre sur japon et sur hollande.

LEMUD (A. DE)

99 — Le Vin, — Le Café. Deux pièces. Épreuves sur chine.

100 — Maître Wolframb. — Hélène Adelfsfreit. Deux pièces. Épreuves sur chine.

101 — Les Maraudeurs, — Les Dénicheurs. Deux pièces Épreuves sur chine.

LEYS (H.)

102 — Les Archers. Épreuve sur hollande.

MADOU

103 — Costumes et métiers de Bruxelles. Vingt-six pièces coloriées.

MARC (TH. DE)

104 — Portrait de S. M. la reine de Hollande. Épreuve d'artiste sur japon, signée.

MARTINET (ACHILLE)

105 — Portrait d'un magistrat, d'après Robert Fleury. Épreuve d'artiste sur chine avec dédicace.

MARILHAT

106 — Souvenir de la campagne de Rosette, — Place de l'Esbekich, au Caire. Deux pièces originales.

MEISSONIER (E.)

107 — Le sergent recruteur. Eau-forte originale. Épreuve sur chine, toutes marges.

108 — Polichinelle. Pièce originale. Épreuve avec le bâton rompu.

MEISSONIER (d'après E.)

109 — Alexandre Dumas fils, gravé par Mongin. Épreuve d'artiste sur chine avant lettre, signée.

110 — Les joueurs de cartes, gravé par Le Rat. Épreuve sur chine.

111 — Fumeur Flamand, gravé par Rajon. Épreuve sur blanc.

112 — Un Lansquenet, gravé par Le Rat. Épreuve sur hollande.

113 — Une lecture chez Diderot, gravé par Mongin. Épreuve d'état sur hollande, signée.

114 — De par le roi? (Pour les contes Rémois). Bois gravé par Lavoignat. Épreuve d'artiste sur chine.

115 — L'antichambre, fac-similé par Robaut. Épreuve sur chine.

116 — Photographies d'après les tableaux de Meissonier. Dix-neuf pièces.

MERCURI

117 — Portrait de Christophe Colomb. Épreuve avant lettre sur chine.

MERYON (Ch.)

118 — Son portrait, gravé par Bracquemond. Épreuve avant lettre sur papier du japon.

119 — Bains froids Chevrier. Épreuve sur hollande.

120 — Vue de l'ancien Louvre du côté de la Seine, d'après R. Zeeman.

121 — La Galerie de Notre-Dame. Épreuve sur papier de Hollande.

122 — L'Arche du pont Notre-Dame. Épreuve avant la lettre sur papier vert. Rare.

MERYON (Ch.)

123 — Portrait de M. Casimir Lecomte. Epreuve avant lettre sur chine.

124 — Vue de San-Francisco. Épreuve sur papier du Japon.

125 — La Tour de l'Horloge. Épreuve d'état sur japon.

126 — La Porte Baudet.— Passerelle du pont au Change, etc. Quatre pièces.

MICHELIN

127 — Paysage, septembre 1867. Épreuve du deuxième état sur hollande, signée.

MILLET (J.-F.)

128 — Les Glaneuses. Épreuve du deuxième état sur hollande.

129 — Petit Bêcheur au repos. Épreuve sur hollande.

130 — Le Départ pour le travail. Épreuve sur chine.

131 — La Femme qui bat le beurre. Épreuve du deuxième état sur papier de Chine.

132 — La Couseuse. Épreuve sur chine.

133 — Olivier de Serres. Lithographie originale. Épreuve tirée sur chine.

134 — Croquis (eaux-fortes originales). Quatre pièces. Épreuves sur hollande.

MOUILLERON

135 — André Vésale, d'après Hamman. Épreuve sur chine.

NANTEUIL (Célestin)

136 — La jolie Fille de la Barde. Chant populaire Bourbonnais. Eau-forte originale in-folio, tirée en bistre.

ORCHARDSON

137 — Son portrait, gravé par Mongin. Épreuve d'artiste sur japon, signée du peintre et du graveur.

SAINT-PARRISH

138 — Fishermen's Houses. Épreuve sur Hollande.

PHOTOGRAPHIES

139 — Sous ce numéro, il sera vendu par lots environ six cents photographies, d'après des tableaux anciens et modernes.

PORTRAITS

140 — Corneille (P. et Th.), par divers graveurs. Six pièces dont quatre avant lettre et eaux-fortes.

141 — Fénelon, par divers graveurs. Dix pièces.

142 — La Fontaine (J. de), par divers graveurs. Quatorze pièces.

143 — Molière, par divers graveurs. Quinze pièces.

144 — Racine, par divers graveurs. Dix pièces.

145 — Rousseau (J.-J. et J.-B.), par Ficquet et autres. Treize pièces, dont quatre avant lettre et eaux-fortes.

146 — Voltaire, par divers graveurs. Treize pièces, plusieurs sont avant lettre et à l'état d'eau-forte.

147 — Sous ce numéro il sera vendu par lots un grand nombre de portraits divers pour illustration.

PRUDHON (P.)

148 — Le Premier baiser de l'amour, gravé par Copia.

RAJON (P.)

149 — L'Enfant bleu, d'après Gainsbrouck. Épreuve d'artiste sur parchemin, signée.

RAJON (P.)

150 — Rixe dans un cabaret en Alsace, d'après Vautier. Épreuve sur chine avant lettre, signée sous verre.

151 — Un Amour platonique, d'après Zamacois. Épreuve sur chine.

152 — Portrait d'homme, d'après F. Hals. Épreuve d'artiste sur parchemin, signée.

153 — L'Indifférent, d'après A. Watteau. Épreuve d'état. Rare.

154 — Le Liseur, d'après Meissonier. Épreuve sur blanc.

155 — Le Peintre, d'après Meissonier. Épreuve sur blanc.

156 — Portrait, d'après Van Dyck. Épreuve avant lettre sur Hollande.

157 — La Prière, d'après Chalmers. Épreuve avant lettre sur Hollande.

REMBRANDT (VAN RIJN)

158 — Coppenol. Estampe dite le Grand Coppenol (Ch. Bl. 175). Épreuve du cinquième état. Collection A.-F. Didot.

159 — Les Musiciens ambulants (Ch. Bl. 90). Épreuve d'un état non décrit, avant les tailles sur la poitrine de l'enfant. Collection A.-F. Didot.

160 — Portrait de Rembrandt faisant la moue (Ch. Bl. 214). Collection A.-F. Didot.

161 — La Femme à la Calebasse (Ch. Bl. 132). Épreuve du deuxième état. Collection A.-F. Didot.

162 — Paysan avec sa femme et son enfant (Ch. Bl. 120). Collection A.-F. Didot.

163 — Deux Mendiants, homme et femme, à côté d'une butte (Ch. Bl. 129).

REMBRANDT (Van Rijn)

164 — Portrait de Rembrandt au bonnet fourré (Ch. Bl. 223). Cachet de collection A. D. G.

165 — Homme à moustaches et grand bonnet (Ch. Bl. 266). Cachet de collection. A. D. G.

166 — Les Disciples d'Emmaüs (Ch. Bl. 63).

REMBRANDT (Van Rijn, d'après)

167 — Le Peseur d'or et autres. Neuf pièces copies.

168 — Bourgeoisie armée d'Amsterdam (La ronde de nuit). Gravé par Claessens, 1797. Épreuve ancienne, toutes marges.

ROUSSEAU (Th.)

169 — Les Chênes de roches. Épreuve avant lettre sur chine, avant les mots « Gazette des Beaux-Arts ».

170 — Le Cerisier de la plante à Biau, — La Plaine de la plante à Biau (Forêt de Fontainebleau). Deux pièces rares.

ROYBET

171 — Les Joueurs d'échecs. Épreuve d'artiste sur Hollande.

SAINT-ÈVE (J.-M.)

172 — La Vierge de Foligno, d'après Raphaël. Épreuve d'artiste sur chine avant lettre, avec dédicace.

SAUERWEID

173 — Vue de Paris. Très jolie pièce imprimée en couleurs. Rare.

SCHALE

174 — La Défaite. — La Conviction. Deux pièces gravées par Marchand. Épreuves anciennes.

SHARP (William)

175 — Diogène, d'après Salvator Rosa.

176 — John Hunter, d'après Sir Joshua Reynolds.

VERNET (H.)

177 — La Malle-poste et autres. Dix pièces.

VIBEET (J.-G.)

178 — Un Schisme, gravé par Mongin. Épreuve avant lettres sur japon.

VIGNETTES

179 — Contes de La Fontaine, d'après Fragonard et Touzé, par T. de Mare. Vingt pièces publiées par Conquet. Épreuves avant lettres sur papier de Hollande, titres et couvertures. Collection réservée à l'artiste.

180 — Monsieur Bois Dhyver. Suite complète de quatre pièces par A. Gautier.

181 — La Pléiade. Titres gravés par Ch. Jacque Daubigny et autres. Cinq pièces.

182 — Manon Lescaut. Dix pièces gravées par Chauvet. Épreuves avant lettre sur chine volant.

183 — Marie Stuart. Cinq pièces gravées par Rajon, d'après Carolus Duran.

184 — Béranger. Cinquante pièces diverses, suites.

185 — Par Moreau le jeune, Marillier, Borel, etc. Trente-sept pièces.

186 — Par H. Somm, pour divers ouvrages. Trente et une pièces avant lettre sur chine, japon et épreuves d'état.

187 — Frontispice, d'après Boucher, gravé par Mongin. Deux épreuves d'état.

VIGNETTES

188 — Frontispice gravé par Bracquemond, pour les trente-six ballades de Banville. Trois états différents.

189 — Frontispices et vignettes pour divers ouvrages, par Morin, C. Nanteuil, Trinsolet, L. Boulanger, etc. Neuf pièces.

190 — Par Desrais, Queverdo, etc. Dix pièces in-8.

191 — Sous ce numéro, il sera vendu par lots un carton contenant un grand nombre de vignettes anciennes et modernes.

WALTNER

192 — Portrait de Mme Bischoffsheim, d'après J. E. Millais. Épreuve avant toutes lettres sur japon.

193 — Portrait de Lépicié. Épreuve d'artiste sur japon.

WATTEAU (d'après A.)

194 — Costumes, gravés par Thomassin et autres. Dix pièces.

WHISTLER

195 — Chelsea. Épreuve sur hollande.

DESSINS

ANONYME

196 — Femmes lutinées par des amours. Très jolie gouache ancienne.

197 — Éruptions du Vésuve. — Vue d'Italie. Trois grandes gouaches italiennes.

BEAUMONT. (E. de)

198 — Le Retour du bal. Dessin à la mine de plomb, signé.

BOILLY (Jules)

199 — Portrait de femme. Dessin à l'estompe, rehaussé de plusieurs crayons. Signé et daté.

BOUCHER (F.)

200 — Femme couchée sur un dauphin. Dessin au crayon noir rehaussé, sur papier bleu.

BOULANGER (Louis)

201 — La Paix, — L'Étude. Deux dessins à la plume signés.

CHARLET

202 — Vieux grenadier tendant la main à un enfant coiffé d'un bonnet à poils. Dessin à la mine de plomb.

DAUBIGNY (C.)

203 — La machine à battre. Dessin à la mine de plomb, signé. (A été gravé par Daubigny pour l'artiste.)

204 — Fontainebleau (Frontispice). Dessin à la mine de plomb, signé.

DAUBIGNY (C.)

205 — Saulée. Dessin au crayon noir.

206 — Croquis. Études pour le tableau le Printemps (Musée du Luxembourg). Quatre dessins.

DELACROIX (Eugène)

207 — Compement arabe. Dessin à la mine de plomb (cachet de la vente). Sous verre.

DESHAYS

208 — Paysage d'automne. Aquarelle signée.

FORT (Th.)

209 — Études de chevaux de trait. Deux dessins à la mine de plomb, signés.

GAVARNI

210 — Jeune femme en peignoir, les deux mains sur les hanches. Aquarelle, signée, encadrée.

211 — Jeune femme en robe de chambre. Aquarelle, signée, encadrée.

GRANDVILLE (J.-J.)

212 — Personnage avec une tête de poisson. Dessin à la plume rehaussé, signé.

213 — Danseuse. Dessin à la mine de plomb, signé.

JOHANNOT (Tony)

214 — Seize dessins à la plume pour Don Quichotte. (Ont été gravés sur bois.)

LALAISSE

215 — Clairon sonnant la charge, — Chasseurs en reconnaissance, — Voltigeur de la garde, etc. Six dessins à la plume. Sous verre.

LALAISSE

216 — Le général Canrobert à cheval. Dessin à la plume.

217 — Croquis, — Souvenirs de Bretagne. Neuf dessins à la plume.

218 — Scènes de la vie militaire. Vingt-trois dessins.

219 — Croquis et études de chevaux. Seize dessins.

220 — Costumes et sujet militaires. Vingt-deux dessins.

221 — Types arabes et croquis divers. Douze dessins.

LAUTERS (P.)

222 — Paysage, — Sépia. Signé et daté de 1869.

LEYS (H.)

223 — Frontispice à la sépia pour Ange Éloa, poème d'Alfred de Vigny (n'a pas été gravé). Signé et daté 1839.

MERY (E.)

224 — Les Lapins. Aquarelle signée, encadrée.

MILLET (J.-F.)

225 — Les Couturières. Dessin au crayon noir, encadré.

226 — Paysan conduisant une charrue attelée de deux chevaux. Dessin crayon n[illegible]; porte le cachet de la vente.

OUDRY

227 — Cinq compositions pour les fables de La Fontaine. Crayon noir rehaussé de blanc.

PILS

228 — Manœuvre d'artillerie. Croquis mine de plomb. Cachet de la vente.

229 — Artilleurs hissant une pièce de canon. Dessin à la plume, signé.

RAFFET

230 — Deux Grenadiers assis sur un monticule, — Une reconnaissance. Deux petites aquarelles signées. Sous verre.

ROUSSEAU (TH.)

231 — Coin de forêt. Dessin à la plume.

232 — Allée aux bœufs à Barbizon. Sépia. Datée du 22 octobre 1849.

VALERIO

233 — Études, dessins et aquarelles. Trois pièces portant le cachet de la vente.

WILLE

234 — Paysage avec figures. Dessin à la plume lavé d'encre de Chine, signé.

ZIEM (J.)

235 — Vue du port de Marseille. Dessin à la mine de plomb. Au bas écrit par l'artiste : « A son ami Arnous J. Ziem. Marseille, le 14 octobre 1845. »

236 — Sous ce numéro, il sera vendu par lots un portefeuille contenant un grand nombre de dessins et renseignements d'artistes.

Imprimerie PILLET et DUMOULIN, rue des Grands-Augustins, 5, à Paris.

www.ingramcontent.com/pod-product-compliance
Ingram Content Group UK Ltd.
Pitfield, Milton Keynes, MK11 3LW, UK
UKHW020540180726
13839UKWH00006B/2627

9 782329 536095